AF357898

CATALOGUE

d'une belle Collection

DE

TABLEAUX

et

DESSINS MODERNES

DONT LA VENTE AURA LIEU

HOTEL DROUOT, Salle N° 5

Le Jeudi 9 Mai 1867

A 2 HEURES 1/2 PRÉCISES

Mᵉ **Charles PILLET**, Commissaire-Priseur, 11, rue de Choiseul,

M. **Francis PETIT**, Expert, 7, rue Saint-Georges.

Chez lesquels se trouve le Catalogue.

EXPOSITIONS
{ PARTICULIÈRE, le Mardi 7 Mai 1867,
{ PUBLIQUE, le Mercredi 8 Mai 1867,

DE UNE HEURE A CINQ HEURES

TABLEAUX

DE BALLEROY

1 — Chiens de chasse couplés.

Haut. 81 cent.; larg. 100 cent.

BARON

2 — Baigneuses au bord d'un lac.

Haut. 13 cent.; larg. 27 cent.

BAUDIT

3 — Paysage. Effet de nuit. Un Prêtre porte le Viatique.

Haut. 34 cent.; larg. 58 cent.

BEAUME

4 — La Famille du vieux soldat.

Haut. 54 cent.; larg. 45 cent.

CASTAN

5 — L'Écheveau de fil.

Haut. 32 cent.; larg. 24 cent.

COULON

6 — La Promenade sur la terrasse.

Haut. 24 cent.; larg. 42 cen .

COUTURE

7 — L'amour de l'or.

Haut. 19 cent.; larg. 24 cent.

DAUBIGNY

8 — Paysage du Morvan.

Haut. 22 cent.; larg. 31 cent.

DIAZ

9 — Archers poursuivant de mauvais garçons.

Haut 70 cent.; larg. 110 cent.

DIAZ

10 — Elmire.

Haut. 61 cent.; larg. 36 cent.

DIAZ

11 — Sous bois.

Haut. 24 cent.; larg. 19 cent.

J. DUPRÉ

12 — Bouquet d'arbres au milieu d'une prairie.

Haut. 24 cent.; larg. 32 cent.

FAUVELET

13 — Jeune seigneur.

Haut. 16 cent.; larg. 11 cent.

FICHEL

14 — Le Langage des cartes.

Haut. 21 cent.; larg. 16 cent.

HAMON

19 — Chasseresse endormie.

Haut. 60 cent.; larg. 80 cent.

IMER

20 — Bords de la creuse.

Haut. 34 cent.; larg. 55 cent.

IMER

21 — Le château de Pernes. Provence.

Haut. 31 cent.; larg. 51 cent.

ISABEY (Eug.)

22 — Femmes de Pêcheurs.

Haut. 26 cent.; larg. 22 cent.

JACQUE

23 — Brebis et son agneau. Effet de printemps.

Haut. 106 cent.; larg. 76 cent.

JACQUE

24 — Intérieur d'une bergerie.

Haut. 20 cent.; larg. 37 cent.

LAMBERT

25 — La Cuisine du Château.

Haut. 51 cent.; larg. 66 cent.

LELEUX (Armand)

26 — Les deux sœurs.

Haut. 72 cent.; larg. 59 cent.

MARILHAT

27 — Caravane traversant un gué.

Haut. 17 cent.; larg. 34 cent.

OPDENHOFF

28 — Marine. Côtes de Hollande.

Haut. 70 cent.; larg. 96 cent.

OPDENHOFF

29 — Marine. Pleine mer avec bâtiments.

Haut. 70 cent.; larg. 96 cent.

ROQUEPLAN

30 — Plage à marée basse.

Haut. 00 cent.; larg. 00 cent

ROSSI

31 — Venise.

Haut. 65 cent.; larg. 95 cent

SCHAMPHELEUR

32 — La fin de la moisson.

Haut. 74 cent.; larg. 110 cent.

TASSAERT

33 — Diane au bain et ses nymphes surprises par Actéon.

Haut. 81 cent.; larg. 100 cent.

TROYON

34 — Les approches de l'orage.

Haut. 112 cent.; larg. 146 cent.

TROYON

35 — Pâturage de Normandie.

Haut. 46 cent.; larg. 53 cent.

TROYON

36 — Animaux paissant au bord d'une rivière.

Haut. 75 cent.; larg. 103 cent.

TROYON

37 —Entrée de bois .

Haut. 45 ent.; larg. 34 cent.

DE VOGEL

38 — Paysage. Environs de Dordrecht.

Haut. 65 cent.; larg. 100 cent

DE VOGEL

39 — Paysage dans la Gueldre.

Haut. 65 cent.; larg. 100 cent.

WEBER (Th.)

40 — Pêcheurs de crabes. Côtes de Bretagne.

Haut. 70 cent.; larg. 110 cent.

WEBER (Th.)

41 — Marine. Coup de vent.

Haut. 55 cent.; larg. 78 cent.

YVON

42 — Convoi de prisonniers russes.

Haut. 113 cent.; larg. 170 cent.

AQUARELLES & DESSINS

BEZARD

41 — Les sept œuvres de miséricorde.

Aquarelle.

BOUCHER (François)

42 — Groupe de deux amours.

Sanguine.

DECAMPS

43 — Italien montreur de singes et de chiens savants.

Aquarelle capitale

DE DREUX (ALFRED)

44 — Paysan à cheval.

Dessin.

GÉRICAULT

45 — Un Campement.

Sépia.

HERTZ

46 — Paysage.

Aquarelle.

HESSE (ALEXANDRE)

47 — Sainte Geneviève distribuant des aumônes.

Dessin.

INGRES

48 — La Communion dans l'église Saint-Pierre de
Rome.

Sépia.

INGRES

49 — Tête de Vierge. Étude pour le tableau de la
Vierge à l'hostie.

Dessin rehaussé.

INGRES

50 — La belle Féronière , d'après Léonard de
Vinci.

Dessin.

LAZERGES

51 — Diverses études d'Arabes.

Onze aquarelles.

MARÉCHAL (de Metz)

52 — Diverses études.

Quatre pastels.

PILS

53 — Tambour de zouaves.

Dessin.

PRUD'HON

54 — Les trois Parques.

Dessins rehaussés.

ROQUEPLAN

55 — Paysannes dès Eaux-Bonnes.

Deux Dessins.

HORACE VERNET

56 — Deux Hussards.

Aquarelle.

WICKEMBERG

57 — Petites paysannes des Eaux-Bonnes.

Dessin.

WILD

58 — Château d'Amboise.

Aquarelle.

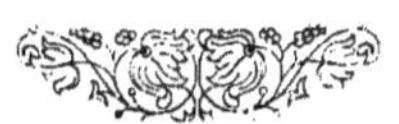

HOTEL DROUOT, SALLE N° 5

BELLE COLLECTION

DE

TABLEAUX ET DESSINS

MODERNES

Exposition particulière le Mardi 7 Mai 1867

Mᵉ CHARLES PILLET,
Commissaire-Priseur

M. FRANCIS PETIT,
Expert

Paris. — Imprimerie de PILLET fils aîné, rue des Grands-Augustins, 5.